SEGREDOS DA BEL
PARA MENINAS

A youtuber mirim mais famosa do Brasil!

SEGREDOS DA BEL PARA MENINAS

Vem comigo viver de forma mais divertida e descubra que o que importa é ser feliz

UNICA
editora

Diretora
Rosely Boschini
Gerente Editorial
Marília Chaves
Estagiária
Natália Domene Alcaide
Produtora Editorial
Rosângela de Araujo
Pinheiro Barbosa
Controle de Produção
Karina Groschitz
Fotos
Arquivo pessoal, Tatiana Schmidt
Ilustrações de Capa
Apple Color Emoji Keyboard
Projeto gráfico e Diagramação
Balão Editorial
Revisão
Vero Verbo Serviços Editoriais
Capa
Thiago de Barros
Impressão
Arvato do Brasil Gráfica

Copyright © by Isabel Peres Magdalena
e Francinete Peres Fraga Magdalena
Todos os direitos desta edição são
reservados à Editora Gente.
Rua Pedro Soares de Almeida, 114,
São Paulo, SP – CEP 05029-030
Telefone: (11) 3670-2500
Site: http://www.editoragente.com.br
E-mail: gente@editoragente.com.br

Dados Internacionais de Catalogação na Publicação (CIP)
Angélica Ilacqua CRB-8/7057

Magdalena, Isabel Peres
　　Segredos da Bel para meninas: / Isabel Peres Magdalena e Francinete
Peres Fraga Magdalena. - São Paulo: Única, 2016. 128 p. : il., color. 6ª tiragem.

ISBN: 978-85-67028-83-5

1. Autobiografia 2. Internet - Vídeos 3. Vlogs (Internet) 4. YouTube (Recurso
eletrônico) 5. Entretenimento I. Título

15-1293　　　　　　　　　　　　　　　　　　　　　　　　　　　　CDD 920

Índices para catálogo sistemático:
1. Autobiografia 920

Aos meus pais, que sonham meus sonhos,

À minha vovó Maria, pelas minhas sopinhas, bolinhas de queijo e pelos bolinhos de chuva,

À minha vovó Bete, por sempre rezar por mim,

À minha tia Márcia, pelas brincadeiras,

Aos melhores seguidores do mundo, que me enviam milhares de mensagens diariamente para dizer que faço seus dias mais felizes e que por meio dos meus vídeos ajudo-os a superar problemas, aproximar famílias e ensinar que o que importa é ser feliz!

A todos vocês meu beijinho doce com gostinho de amor.

– **Bel**

Agradecimentos

A Deus, por me permitir levar alegria a milhões de pessoas de todo o mundo através de meus vídeos.

A mamãe, que embarcou nessa aventura comigo, fazendo do meu sonho o sonho dela...

Ao papai, pela força, pelo incentivo, por acreditar em mim e por ser a melhor "produção" que alguém poderia ter.

A todos os que de alguma forma participaram para a realização deste livro, um sonho que eu nem cheguei a sonhar, mas veio ao meu encontro... Sou uma criança de apenas 8 anos e ainda não tinha pensado em ter um livro, mas confesso que amei! Essa conquista não é só minha, é de todos nós!

– Bel

AVISO DE MÃE FIQUE ATENTO!

Você, criança que quer ser um YouTuber como a Bel, deve pedir permissão e auxílio aos seus pais. Todo o conteúdo postado no canal *Bel para meninas* no YouTube é monitorado por mim e pelo Maurício, assim como os comentários e as redes sociais do canal são administrados por nós. Além de a Bel aparecer em praticamente todos os vídeos ao meu lado. Chame seus pais, além de mais seguro, pode ser muito mais divertido!
— Fran

Como tudo começou?

Sempre gostei de fazer penteados para a Bel ir à escola, e como todas as mães pediam para ensinar a fazer os penteados, o Maurício sugeriu: "Porque você não faz um canal no YouTube e ensina para todo mundo de uma vez?".

De início fiquei com receio, porque, acreditem, eu sou tímida! Mas a Bel, desde que aprendeu a falar, dizia: "Mamãe, eu queria sair na rua e queria que todo mundo me conhecesse, que todos falassem: 'Olha a Bel! Olha a Bel!'", ou seja, a Bel

> Escrevo isso emocionada, porque me lembro da minha Bel de 2 aninhos, ainda falando mal e dizendo "eu queria sair na rua e ouvir todo mundo chamando 'Bel! Bel! Bel!'".

com 2 aninhos queria ser famosa, mesmo sem saber que existia uma palavra para expressar o que ela dizia.

Então, juntei a ideia do Maurício com a vontade da Bel, e decidi fazer nosso primeiro vídeo para o YouTube. Criamos o *Penteados para meninas*, no qual a Bel com seu cabelão (que eu costumo dizer que é de comercial de xampu) seria minha modelo. Ela ficava sentadinha e sorrindo para câmera o tempo todo, mas enquanto eu explicava, ela precisava ficar sem falar,

e esse era o grande problema: a Bel não conseguia ficar sem falar no seu papel de modelo de penteados. Então, ela começou a abrir e terminar os vídeos, mas não era o suficiente para ela, e foi nesse momento que ela me falou que queria ter um canal dela para poder falar, brincar, fazer desafios e se expressar como queria. Nascia assim o *Bel para meninas*, que, depois de apenas 2 anos, é um dos dez canais mais assistidos do Brasil e tem em seu público meninas e meninos de todas as idades. Ela se tornou um fenômeno da comunicação.

Hoje a Bel é reconhecida em todos os lugares, lota eventos com apenas um chamado de última hora, como no dia do encontrinho para o *Fantástico* da Rede Globo, no qual lotou um shopping do Rio de Janeiro em plena sexta feira, às 14 horas – um horário um tanto difícil, por ser dia de trabalho, escola, mas seus seguidores fiéis estavam lá gritando: "Bel! Bel! Bel!". Escrevo isso emocionada, porque me lembro da minha Bel de 2 aninhos, ainda falando mal e dizendo "eu queria sair na rua e ouvir todo mundo chamando 'Bel! Bel! Bel!'". **– Fran**

Segredo 1

A Bel demorou um pouco para falar. Expressava-se muito bem, mas com 2 aninhos falava poucas palavras. Um dia, a professora me chamou na escola e disse que a Bel estava aquém das outras crianças no seu desenvolvimento! Fiquei muito assustada! Como a minha bebê tão linda, tão esperta, era aquém das outras? Levei minha filha a um fonoaudiólogo, que viu que não tinha nada de errado, e explicou o que eu já sabia: cada criança tem seu tempo, que deve ser respeitado. Não devemos comparar uma criança com outra, aliás, não devemos comparar ninguém, pois cada um é cada um!

Por volta dos 2 anos e meio ela começou a falar e aí nunca mais parou! Fala o tempo inteiro e fala alto. Se você conversar com a Bel corre o risco de ela não lhe deixar abrir a boca!

Hoje ela tem assuntos para todos os momentos, conversa com qualquer pessoa de qualquer idade, sempre cheia de

ideias. Falar é um dos seus maiores talentos, justo o que demorou mais para aparecer.

Estudei Pedagogia e Psicologia, mas sentia que não era isso que me faria totalmente feliz, faltava algo e eu falava: "Meu Deus, como pode eu não ter nenhum dom? Tantas pessoas com tantos dons e eu não tenho nenhum". Demorou, mas encontrei meu dom achei o que me faz feliz de verdade, que é fazer os vídeos com a Bel para divertir vocês! Como vocês podem ver, às vezes demora, tive de esperar a Bel nascer e crescer para ela me apresentar meu dom!

E você, tem algo que sente que não consegue fazer? Que não sabe? Às vezes justamente essa coisa que todo mundo fala que você não pode fazer ainda vai ser o seu maior talento. Pense nisso e não desista jamais!

– Fran

Retrospectiva da Bel

    Saber como é a nossa história é muito importante, além de servir para guardar as melhores memórias da nossa vida e as lembranças dos momentos mais importantes para nós.

    Tudo começou em 2006, quando descobri que ia ganhar um presente muito especial no ano seguinte…

– Fran

Quando nasci, no dia 17 de março de 2007, meu pais ficaram muito felizes. E sempre vivi uma vida de criança normal, com brincadeiras, amigas e escola.
– **Bel**

(Aniversário 3 aninhos, sempre sorrindo)

    Meu cabelão ficava sempre muito bonito e mesmo o passarinho mais insistente não conseguia desfazer as tranças.

(Discovery Cove Orlando, em 2012)

O importante é ser feliz

O que nós duas mais gostamos é ver que depois de cada vídeo, brincadeira, palhaçada, alguém ficou mais feliz. Esse é o objetivo da vida. Isso transforma a vida de muitas famílias e muitas pessoas se tornam mais unidas assistindo ao canal.

O importante é se divertir, principalmente nos desafios. No início percebia que os seguidores ficavam muito preocupados com quem venceu aquele desafio específico, contando os pontos, mas depois que explicamos que o objetivo não é competir, e sim passar um tempo gostoso juntos, não importa se você ganhou ou perdeu, mas quanto você riu e se divertiu, isso virou um bordão do canal, e nossos fãs hoje entendem que a única coisa que realmente importa na vida é ser feliz. O mesmo vale para desafios que usam comida, itens da casa, tentamos reutilizar tudo para evitar desperdício, mas muitas vezes vale a pena gastar alguma coisa para passar um momento descontraído e inesquecível.

– Fran e Bel

Quando alguém sorri, tudo deu certo!

Ao ouvir pessoas falarem que ficam felizes com nossos vídeos, vejo que nosso objetivo principal está sendo alcançado.

Tem gente que acha que a felicidade é uma

piscina de doces, ou uma viagem para a Disney. Enquanto para outras pessoas, o melhor mesmo é aquela pizza de domingo à noite com a família. Ou abraçar o seu cachorro, ganhar um beijo da sua irmã e um cafuné da mãe. Na verdade, vale tudo! **– Fran**

O segredo da Felicidade

Ensino para a Bel desde pequena a não colocar a felicidade dela nas mãos de ninguém, porque ser feliz só depende de você e a felicidade mora dentro de cada um de nós. Quero que ela saiba que felicidade não é ter uma vida sem nenhum problema, porque se a pessoa pensar assim dificilmente será feliz de verdade. Quem não tem problemas, mesmo que pequenos? Você não deve pensar que não é feliz, porque não está indo bem na escola, não ganhou o brinquedo que queria, porque o menino que você gosta não liga pra você, seus cabelos não são como gostaria, não tem dinheiro, não pode viajar nas férias para aquele lugar tão legal que sua amiga foi, ou simplesmente porque seus pais não são exatamente como você desejava... Claro que certas coisas nos deixam chatea-

dos, como uma doença ou problemas em família, mas nada pode comprometer nossa felicidade.

Eu também não tenho tudo como gostaria, e ninguém tem, mas decidi ser feliz!

A verdade é que o segredo da felicidade é segredo e cada um precisa descobrir o seu!

– Fran

Viver o presente

Precisamos aprender a viver o presente, porque o passado já se foi e o futuro nós não sabemos como vai ser. Por isso, nunca deixe para depois o que você pode fazer agora. Devemos viver cada dia da melhor forma…

Se precisa arrumar seu quarto, faça-o de uma vez. Se tem dever de casa para semana que vem, porque não fazer logo em vez de deixar para a última hora?

Às vezes deixamos de fazer coisas simples que podem ser resolvidas rapidamente, mas que são adiadas por semanas até finalmente serem abandonadas.

Por que deixar para depois se você já pode resolver na hora?

Aproveite o AGORA para resolver suas coisas, assim vai sobrar muito mais tempo para você aproveitar o DEPOIS! E até fazer algo muito legal que não daria para fazer se você ainda tivesse obrigações pendentes.

– Fran

A voz do coração

Devemos seguir sempre nosso coração e ouvir a voz que vem lá do fundo. Ouvir a sua intuição e sempre fazer o que gosta, o que faz bem a você, e não o que está na moda. A sinceridade deve estar presente em todos os momentos da nossa vida, porque mentir não aumenta o nariz, mas diminui a confiança. Grandes ou pequenas mentiras são mentiras! Mas um segredinho… todo mundo tem, não é mesmo?

E às vezes a gente fica com vontade de contar para alguém e não sabe para quem. Como falar sobre aquele menino bonito da escola, ou sobre alguma coisa que aconteceu.

Então, vamos transformar um cantinho deste livro em um diário. Aqui você pode contar esses segredos que você não tem coragem de falar para ninguém ou aqueles que você já contou para seus melhores amigos, mas quer escrever mesmo assim, para que você nunca esqueça ou para que daqui a alguns anos, quando pegar este livro, tenha a lembrança registrada. **– Bel**

Segredo 2

Quanto mais você dá mais você recebe.

Quando eu tinha 7 anos doei 16 centímetros dos meus cabelos para as crianças com câncer – e na hora fiquei tão feliz, mas tão feliz, que percebi que ajudar alguém faz até mais bem para quem ajuda do que para o ajudado.

O que pouca gente sabe é que na mesma semana a Disney me chamou para ir ao parque fazer a trança da Elsa – mas eu estava com os cabelos curtos! Para tudo tem jeito, e fizemos o coque da coroação que aparece no filme. Gosto de me lembrar dessa viagem como um presente pela boa ação que tinha feito.

Todas as boas ações são importantes, desde você doar os seus cabelos, ou um pouco do seu tempo para ajudar alguém, ou fazer uma gentileza. Talvez hoje você não consiga ajudar uma criança com câncer, mas aposto que pode ajudar a sua mãe a lavar a louça, ligar para saber como está a sua avó, revisar a lição do seu irmão mais novo, segurar a porta para alguém, enfim, são tantas coisas simples que podem fazer a diferença. Nós temos todos os dias a chance de melhorar, de ajudar alguém e tornar o mundo um lugar mais feliz.

– **Bel**

Desafio do bem

Este desafio é muito especial porque tem a missão de espalhar o bem pelo mundo. Na próxima página vamos começar uma corrente do bem que funciona como explico a seguir.

Por um mundo mais feliz tomei a iniciativa com a mamãe de dedicar essa página do meu livro para começar a espalhar o amor, e você vai escrever embaixo o que você vai fazer a partir de agora para ajudar um pouquinho. Não precisa ser algo que custa dinheiro nem tão difícil, mas algo com que você possa contribuir para um mundo melhor.

Por exemplo: pedir desculpas para aquela amiga com quem brigou por besteira, doar algo que não usa mais, coisas simples, porém valiosas...

Desafio vocês a darem continuidade a esta corrente, destacar essa folha e passar para outra pessoa que pode ser da sua casa, um amigo ou vizinho que vai escrever o que ele está disposto a fazer para um mundo mais feliz, e assim ele vai passar para outra pessoa e juntos vamos espalhando o bem com essa folha que vai viajar por muitos lugares...

Quando a gente faz uma boa ação, outra pessoa vê e faz também, e outra, e outra ...

– Bel

Depoimentos de seguidores

Como recebemos diariamente relatos de seguidores com histórias emocionantes em que de alguma forma, através dos nossos vídeos, crianças, famílias, pessoas adultas, mudaram sua vida ou seu jeito de olhar a vida para melhor. Resolvemos dedicar um espaço aqui para algumas das histórias que mais nos tocaram...

Essa é uma forma também de ter vocês no livro, porque tudo o que fazemos sempre tem um lugar especial reservado para vocês. Em novembro de 2015 fizemos um pedido no YouTube: para que os seguidores mandassem suas histórias com o canal *Bel para meninas* e aí estão algumas delas.

– Fran e Bel

1- A Maria Fernanda Santucci sempre foi uma menina meiga, doce, criativa, inteligente, uma craque no xadrez e aluna nota dez, mas tímida, muito tímida.

Mesmo com outras crianças por perto, era sempre um sacrifício convencê-la a se soltar e brincar, a timidez atrapalhava muito.

Pensávamos que era apenas uma fase e logo passaria, mas esse logo nunca chegava.

Um dia tivemos uma grande surpresa. Chegamos em casa, ela assaltou o armário, a

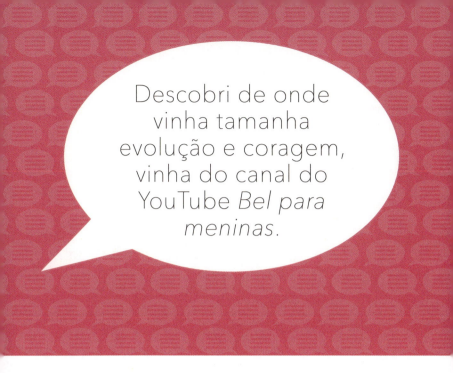

> Descobri de onde vinha tamanha evolução e coragem, vinha do canal do YouTube *Bel para meninas*.

geladeira, pegando um monte de coisas, pediu a câmera para a mãe, arrumou uma lata de arroz sobre a mesa, posicionou a câmera e preparou todo o cenário. Chamou a mim e ao Bruno, e nos sentou cada um em um lugar, ligou a câmera e explicou como funcionaria a brincadeira. Era o *smothie challenge*.

"Agora é só colocar no YouTube, pai". Foi então que "a ficha caiu". Descobri de onde vinha tamanha evolução e coragem, vinha do canal do YouTube *Bel para meninas*.

Logo, as amigas começaram a chegar para fazer vídeos e brincadeiras juntas e sua evolução, tanto pessoal quanto com os amigos, continua até hoje.

Sou músico e sempre gostei de compor, a Mafer não demorou pra pedir:

— Pai, faz uma música pra Bel, ela é muito especial pra mim.

A inspiração veio de imediato, peguei o violão e já emendei o refrão – "Bel, Bel, Bel para meninas" e a Mafer já completou me corrigindo,

"Pai, é pra meninos também!" Estava pronto o refrão! O restante da música foi acontecendo enquanto assistíamos juntos aos vídeos e ela me contava tudo sobre o canal e a Bel, como era, as coisas que faziam e quanto era legal.

    Maria Fernanda, a Mafer, hoje é outra pessoa, o brilho da confiança que aprendeu a ter com a Bel, sua grande amiga do YouTube, sua inspiração para superar os limites e ser feliz, muito mais feliz!

    Marçal Santucci, pai da Maria Fernanda

2 – Falar sobre a influência da Bel e seus canais na nossa vida é fácil. O difícil é resumir em poucas palavras. Posso afirmar, sim, que vocês fizeram – e fazem – muita diferença! O canal teve um efeito superpositivo no comportamento da Anna, mostrando o que é legal para a idade dela, como penteados, brinquedos, brincadeiras, comidas.

Ela imita a Bel até nas frases que costuma falar, e isso é muito bom mesmo!

Isso sem falar que, há muito tempo, só posso penteá-la na frente do tablet, filmando e explicando o que estou fazendo. Sou quase uma Fran, na apresentação, mas sem a menor habilidade para

> Ela imita a Bel até nas frases que costuma falar, e isso é muito bom mesmo!

penteados mais elaborados! Já fizemos troca de papéis várias vezes, em casa, no shopping...

Ou seja, vocês alegram a rotina da Anna, a atualizam das novidades e fazem coisas que ela realmente imita. Para uma garota muito tímida, que falava pouco e bastante enrolado (principalmente em função da síndrome de Down), a contribuição de vocês foi enorme! Às vezes as pessoas se surpreendem com as novidades que a Anna conta, com um jeito novo de falar, que antes de vocês não existia!

Muitos beijos para todos dessa família querida, com gostinho de mel, balinhas e chocolate

Sandra, a mãe da Anna

3 - Meu nome é Glória, tenho 34 anos, sou mãe de duas princesas: uma se chama Marina, e tem 6 anos, e a outra Milena, de 3 anos.

Estou fazendo um tratamento de câncer de mama há mais de um ano. Durante esse período, não tenho muita disposição para brincar com minhas filhas, então a nossa diversão é assistir aos vídeos da *Bel para meninas*, com os quais damos boas gargalhadas!

Bel você é uma menina encantadora, continue com esse jeitinho simples de ser! Muito obrigada por fazer parte das nossas vidas!

Beijinhos

Glória, Marina e Milena

4 - Oi Bel, oi Fran!!

Vim aqui agradecer a vocês, pois há 2 anos meus pais se separaram e pensei que meu mundo ia acabar, chorei muito mesmo, até que achei o vídeo de vocês, era um desafio chamado "Leitura Labial".

Eu me apaixonei por vocês, não costumo me abrir com ninguém, mas hoje tomei coragem e estou aqui.

Obrigada por postar um vídeo todo dia às 10 horas da manhã, virou rotina assistir... Obrigada por gravarem com alegria, editarem com amor e postarem com mais amor ainda.

Fazem de tudo para arrancar um sorriso do nosso rosto sem saber quem somos.

Não tem como negar, vocês são as melhores!

Tenho orgulho de ser fã de vocês.

Débora Lobo

Quem também ajudou e ficou mais feliz...

Várias seguidoras também doaram seus cabelos, assim como eu, e elas concordaram em mandar suas fotos para fazerem parte deste livro. Não existe nada mais gostoso do que saber que sonhamos todas juntas com um mundo melhor.

Letícia

Giovanna

Marina e Gabi

Bianca
Joana

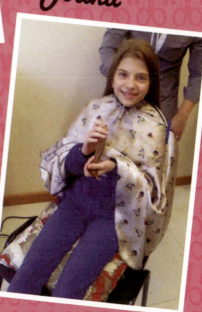

Sophie

O outro lado da fama

Sucesso, fama, glamour tudo isso é bem legal, mas nem tudo são flores, assim como tudo na vida existe o lado bom e o lado que não é tão legal.

Eu estou no começo ainda, faço o que gosto de fazer. A fama é consequência, mas não fico pensando nisso, porque sei que existem coisas maiores para me preocupar como a oportunidade que Deus me dá de fazer a diferença na vida de tantas pessoas e isso é o que vale realmente a pena. Não sou de ficar me achando, me exibindo, dizendo aos quatro cantos "sou famosa, sou famosa, sou famosa!" Acho que se você é mesmo famoso, as pessoas sabem e você não precisa ficar como um papagaio repetindo isso como se quisesse provar para si mesmo… Sempre quis sair na rua e ouvir as pessoas me chamando, pedia isso pra mamãe logo que aprendi a falar e eu nem sabia o que era ser famosa. Eu amo encontrar com meus seguidores, ser conhecida, chegar a tantos lugares diferentes e sempre ter um monte de fãs que acabam

virando minhas amigas. Quando viajo sempre encontro muitas seguidoras que ficam brincando comigo o tempo todo. Troquei duas vezes de escola em 2015 porque mudei de bairro, e, depois, quando a Nina nasceu, fui para uma mais perto de casa e toda a escola me conhecia e isso é muito legal. Já imaginou você chegar aos lugares e já ter várias pessoas que te amam te esperando para te receber de braços abertos? Isso é incrível!

Isso tudo é o lado bom, mas também já experimentei o gosto amargo do sucesso, ao perder amizades de pessoas de quem eu gostava por conta do crescimento do canal *Bel para meninas*.

A fama atrai pessoas falsas e invejosas que não gostam de você de verdade, e querem se exibir estando ao seu lado para mostrar para as outras meninas que são "amigas" da *Bel para meninas*. Ou aquelas que querem te magoar para ver se conseguem tirar o sorriso do seu rosto. Acho triste também a competição

que existe de quem é melhor e mais famoso, uma competição da parte dos outros porque eles competem sozinhos, eu não entro nesse tipo de coisa vazia. E o pior é que me incluem e ficam na disputa, brigando e espalhando o ódio gratuito.

Enquanto isso, eu gravo meus vídeos posto todos os dias às 10 horas da manhã, meu canal cresce mais e mais e sigo acreditando que o que importa é ser feliz! Meus pais conversam muito comigo sobre tudo isso e eu, apesar da pouca idade, acho que sei lidar com essas coisas sem deixar que interfiram no meu dia a dia. Faço vídeos para o YouTube porque amo fazer isso e eles me levaram a aparecer na TV, sou conhecida, mas sou uma criança com uma vida supernormal: brinco, vou à escola, fico descabelada e meu dia a dia não tem nenhum glamour e é igualzinho ao de qualquer outra criança...

– **Bel**

Bullying com a Bel

Um fenômeno muito presente na vida das crianças, a ideia de abordar esse tema em vídeo originalmente foi para alertar os seguidores sobre o assunto e explicar de forma divertida que algumas coisas que parecem ser normais e, às vezes, parecem até uma brincadeira, na verdade são agressões que estamos realizando contra pessoas de nosso convívio e nem sempre percebemos que estamos fazendo mal a elas. Algumas das cenas mostradas foram vividas pela Bel na vida real, o que nos motivou ainda mais a falar sobre bullying.

Ficamos felizes com a certeza de ter ajudado muitas pessoas que, através dos comentários, deixaram de praticar e outras que perceberam que estavam sofrendo bullying e nem sabiam e começaram a não mais permitir que isso acontecesse. Muitas crianças nos contaram que sofriam na escola a ponto de não terem mais vontade de ir às aulas, mas tinham vergonha de contar e, depois do vídeo, conversaram com os pais que foram à escola e tudo se resolveu.

Ninguém é melhor ou pior que os outros. As pessoas são diferentes e precisam ser respeitadas

e amadas como são. Muitas vezes a própria pessoa se permite ser humilhada porque tem autoestima baixa e, no fundo, acha que tem de passar por aquilo. É importante gostarmos de nós mesmos do jeitinho que somos. Claro que é legal querer estar cada dia melhor, se sentir bonita, fazer algo para levantar o astral, mas porque você quer isso de verdade e não para ser aceita e amada pelos outros, porque quem te ama de verdade vai te aceitar como você é. Você não é obrigado a gostar de ninguém, mas é obrigado a respeitar! Ah, e fica a máxima: "não faça

> É importante gostarmos de nós mesmos do jeitinho que somos.

com os outros aquilo que você não gostaria que fizessem com você".

Acreditamos que abordar temas sérios através dos teatrinhos é uma forma que tem dado muito certo, porque prende a atenção e, assim como qualquer ensinamento, fica mais fácil ter compreensão e aprendizado quando se aprende durante uma história.

Se você sofre com qualquer tipo de ameaça, não se cale, denuncie!

– Fran

Medos

Ter medo é normal, e todo mundo tem medo de alguma coisa. Ter medo é até bom em algumas situações porque o medroso tem sempre mais cuidado. Como a mamãe, por exemplo, que morre de medo do mar e quando vai à praia só molha os pés, então é muito difícil que um dia ela se afogue. Mas nós não podemos deixar que o medo atrapalhe nossa vida. Por isso, precisamos aprender a lidar com nossos medos e ter coragem para enfrentá-los.

Se arriscar, se machucar, fazer algo que coloque sua vida em risco ou que seja prejudicial a sua saúde não significa ter coragem.

Eu tenho medo de elevador, mas moro no 17° andar. Se eu deixasse de andar de elevador por causa do meu medo, imagine como seria cansativo subir e descer as escadas toda vez que eu precisasse sair de casa?

Também tenho medo de avião, mas eu não quero deixar de viajar para longe, então esse é outro medo que enfrento.

E temos de fazer isso com todos os nossos medos, para que eles não nos impeçam de fazer algo.

Você tem medo do que? E o que você faz para não deixar o seu medo te atrapalhar?

– Bel

Reclamar não ajuda em nada

Você já deve ter ouvido muitas pessoas falarem que reclamar não ajuda em nada. Mas, mesmo assim, a gente sempre acaba reclamando de uma coisinha ou outra, não é mesmo? Como naqueles dias em que acordamos com o cabelo feio, ou quando não conseguimos brincar na rua porque está chovendo ou quando nossa mãe resolve só brigar com a gente o dia todo, ou quando visitamos uma amiga e a casa dela parece muito mais legal que a nossa, então passamos a reclamar da nossa.

São vários os motivos que achamos que temos para reclamar. Mas imagine como seria se tudo isso sobre o que você

reclama sumisse... Seria muito pior, certo? Quando você reclamar do seu cabelo, imagine como seria se você não o tivesse.

Quando você reclamar da sua mãe, imagine como sentiria a falta dela se de repente ela não estivesse em sua vida!

Quando reclamar da sua casa, imagine se você não tivesse onde morar...

Pensando bem, essas coisas das quais a gente reclama são muito importantes para nós. Deveríamos parar de reclamar delas! Então, faça uma lista de todas as coisas das quais você reclama e depois reflita sobre como são importantes para você.

– **Bel**

Deu tudo errado? Vamos arrancar essa página e jogar fora?

Sabe na escola quando escrevemos algo errado no nosso caderno, e aí parece que a melhor solução é escrever o certo por cima do erro, mas fica meio borrado? Então, a gente vai escrevendo, erra, apaga, e a folha fica muito feia!

O melhor é arrancar e escrever novamente numa folha limpinha.

Agora, coloquei aqui no livro uma folha meio suja para você escrever algo de ruim que você tenha feito, ou alguma coisa que te deixou triste. É uma forma de pôr para fora uma coisa que tem aí dentro de você e não te faz feliz. Depois que terminar de escrever, destaque a folha amasse e jogue-a fora. Na folha ao lado, bem limpinha e bonita, escreva como vai ser de hoje em diante.

– Bel

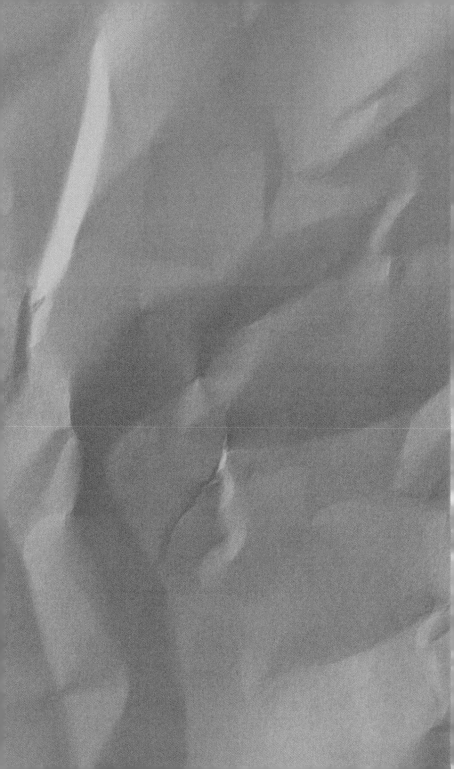

Que tal um desafio para animar?

Sabe aquele dia de chuva, que parece que não dá para fazer mais nada em casa, e todo mundo fica com o maior tédio? Sabe aquela festa do pijama que você quer deixar ainda mais legal? É para isso que servem os desafios, eles são sempre coisas que você pode fazer com aquilo que encontra em casa

mesmo ou no supermercado. Sempre tentamos reaproveitar o que utilizamos nas brincadeiras, mas, mesmo que estrague alguma coisa, compensa pela alegria de quem está assistindo. O objetivo de um desafio é alegrar o seu dia, passar um tempo divertido com quem você gosta, fazer você se ver como

nunca se viu, soltar a criança que existe aí dentro! Fazer um desafio une amigos, pais e filhos, e deixa sua vida divertida e diferente. Encontro muito pais que falam assim: "Bel, com seus desafios você me ajudou a me aproximar da minha filha, porque eu não sabia como brincar com uma menina, até porque não gosto de bonecas. Mas, quando ela me mostrou você

fazendo os desafios com sua mãe, comecei a fazer com ela, e hoje somos mais próximos e mais amigos!"

São muitas as histórias dos desafios… Tem coisa mais legal do que saber que o desafio une as famílias? Pegue uma das ideias do livro e experimente você também, depois conte para a gente, queremos saber de tudo! **– Bel**

O segredo do *Smoothie Challenge*

Você provavelmente já conhece o desafio mais famoso do canal, que ficou tão conhecido que virou uma série, sempre com uma surpresa para você se divertir e dar muita risada. O que será que fez com que esse desafio já conhecido no YouTube se tornasse referência e o queridinho do canal da *Bel para meninas*? Talvez os improvisos, afinal, os erros conquistaram o público, provando que, às vezes, o que parece errado pode ser o caminho certo.

Em uma cena que ficou famosa, nosso liquidificador estava sem tampa e improvisamos com um prato na hora de bater e como estava com muito líquido derramou tudo e demos um grito que foi parar no *Fantástico* da Rede Globo. Não nos preocupamos em deixar tudo certinho e editar para retirar os erros, porque muitas vezes eles são parte da graça. Em outra vez, faltou luz, em outra eu dei a sorte de tirar todos os in-

gredientes bons e a Bel, todos os ruins! Tinha inclusive bacalhau no sorteio da Bel e ficou com um cheiro que ninguém aguentava passar perto! Os seguidores se empolgaram e pediram mais e mais, e aí o que era para ser apenas um desafio virou uma série, e até hoje estamos sem a tampa do liquidificador!
– Fran e Bel

Segredo 3

Uma das coisas mais importantes e que faz toda a diferença no canal *Bel para meninas* é a criatividade.

Sempre em todos os nossos vídeos nos preocupamos em inovar, mesmo em algo que já existe, mas que pode ficar com a nossa cara e o nosso "jeitinho Fran e Bel de ser". Sabemos que os detalhes podem fazer a diferença e seguidores querem encontrar algo novo, feito com amor e perceber que nos preocupamos em entendê-los, saber do que eles mais gostam e o que querem assistir. Lemos sempre os comentários e ficamos atentas ao que nossos seguidores querem ver. Não adianta ver

um vídeo que tem milhões de visualizações e achar que encontrou o segredo e agora é só copiar, colocar no seu canal e pronto. Não é assim que funciona, porque o que meu público gosta pode não interessar ao seu público, isso foi algo que sempre compreendemos. Então sensibilidade e criatividade são dois dos maiores segredos para conquistar seguidores fiéis que, mais do que simplesmente estarem inscritos no seu canal assistem, admiram, acreditam em você e o melhor e mais nobre de tudo: amam você de verdade. Isso não tem preço.
– **Fran e Bel**

Desde que eu tinha 2 anos falava que meu sonho era que todo mundo me conhecesse... E aí, já descobriu o grande segredo deste livro?

Troca de papéis

O "troca de papéis" é um dos quadros mais queridos no canal e nasceu num dia das mães, quando queríamos fazer uma comemoração especial no canal. Pensando nisso, eu e a mamãe tivemos a ideia de trocar de papéis, ou seja, eu viraria mãe e ela criança, e não existe maneira melhor do que se colocar no lugar do outro para sentir na pele o que

você faz de bom e de ruim para ele. No final, eu falei: "Mãe! Eu não sou assim, né?" A mamãe disse: "É um pouquinho pior, Bel!" E aí fiquei pensando que devo mudar certas coisas, porque achei chato quando estava no lugar dela, nessa hora tive certeza de que prefiro ser criança mesmo!

Os seguidores amaram e começaram a pedir mais troca de papéis em outras situações, então fizemos a troca durante uma viagem, no shopping, no avião, e virou uma série. É sempre muito divertido de gravar, apesar de me deixar com vergonha (e olha que eu sou sem-vergonha). Quando a gente grava na rua,

> A melhor maneira de
> entender alguém
> é se colocar no lugar
> do outro.

como no dia do shopping, e a mamãe fica me chamando de "mãeeeeee", todo mundo fica olhando sem entender nada! Muitas meninas me falaram assim: "Bel, eu troquei de papel com minha mãe e me achei muito chata! Não vou mais ser assim com minha mãe!". Viu só como é bom se colocar no lugar do outro?

Tente fazer esse desafio, vale trocar de papel com os pais, os filhos, os irmãos, um amigo. Além de dar muita risada, nós aprendemos a ser melhores quando entendemos como o outro vive.

– Bel

Sonhos

Todos nós temos muitos sonhos que queremos realizar. Como fazer uma viagem, conhecer um artista de quem gostamos, ter uma profissão, enfim, sonho é sonho e nenhum é impossível de ser realizado, basta você acreditar e se esforçar para que ele se torne real. Não adianta sonhar e ficar sentada de braços cruzados, é preciso correr atrás daquilo que queremos. Eu, por exemplo, sonhava muito em ganhar uma irmãzinha para ser a minha melhor amiga. Agora, eu tenho a Nina!

Esse era o meu maior sonho, e ele se realizou. Ser conhecida, aparecer na TV, são sonhos que já realizei... Já fui em dois programas da Rede Globo, o *Encontro com Fátima Bernardes* e o *Fantástico,* e sei que um dia vou ter um programa para mim, ou melhor, um programa meu para vocês.

Ainda tenho muitos sonhos que quero realizar, e sempre vou tê-los, porque você nunca pode parar de sonhar. Assim que um sonho se realiza, já tenho vários outros na fila sempre acreditando que eu vou conseguir e vou chegar lá. Você já pensou sobre os sonhos que gostaria que se realizassem?

– Bel

"Se você pode sonhar, você pode realizar".
Atribuída a Walt Disney

Árvore
dos sonhos

Construir a sua árvore dos sonhos pode ajudar a realizá-los, porque é sempre bom termos metas a seguir. A árvore vai funcionar como um mapa. Faça-a da seguinte forma: nas folhas, escreva quais são os seus maiores sonhos. No tronco, escreva o que você pode fazer para alcançá-los. Por fim, na raiz, escreva tudo o que você já tem para começar a ir atrás desses sonhos. Boa sorte!

YouTube

O YouTube é a plataforma onde meu sonho de menina começou a se tornar real, quando há dois anos postei meu primeiro vídeo no canal *Bel para meninas*. Foi tudo muito rápido, as meninas chegaram primeiro, depois vieram os meninos, as adolescentes, de início receosas por achar que era um canal só de crianças, mas depois descobriram todo o conteúdo e se juntaram a nós, chegaram os pais, que aprenderam uma nova forma de brincar com os filhos, e num piscar de olhos já tenho 1 milhão de seguidores.

Fico feliz em dizer que meu canal é um dos mais assistidos do Brasil não para me exibir, mas por saber que levo alegria a tantas pessoas com os meus vídeos e as influencio de forma positiva. Existe uma história muito bonita, de uma mãe que me contou que a filha tinha pedido uma boneca de aniversário, mas como estava desempregada e vivendo uma situação difícil, essa mãe não podia comprar esse presente. Aí, no dia do aniversário, ela falou: "Filha, não pude comprar seu presente, porque estamos sem dinheiro" e se surpreendeu quando a menina de 5 anos respondeu: "Tudo bem, mamãe, tenho uma família e o que importa é ser feliz". A mãe ficou surpresa e perguntou: "Quem te ensinou isso?" e ela respondeu: "Foi a Bel".

A mamãe costuma dizer que o canal é como um filho que a gente viu nascer, cuidou dele com muito amor, viu crescer e hoje nos enche de orgulho.

Deixo aqui nosso muito obrigada ao YouTube pela oportunidade de postar meus vídeos, levar minha mensagem a tantas pessoas de tantos lugares do mundo e realizar meu sonho. Hoje sou conhecida mundialmente, pessoas

viajam aqui para o Rio de Janeiro e ficam horas nos shoppings que eu vou na esperança de me ver passar.

Uma vez eu estava no shopping e uma fã de 4 anos começou a gritar meu nome, eu parei para falar com ela e o pai dela se abaixou perto do carrinho da Nina e falou com a mamãe: "Minha filha me pede todos os dias para eu bater em todas as portas dos apartamentos da Barra para achar a Bel, venho aqui sempre para ver se encontramos vocês, e ele disse isso muito emocionado. É muito amor, e eu sou muito grata a todos vocês por isso.

Está difícil ir ao shopping no final de semana. Eu amo encontrar meus seguidores, mas me preocupo com a segurança deles que muitas vezes são crianças e na euforia de me dar um

> Um tempo atrás, o sonho das meninas era ser paquita, modelo ou atriz, hoje o sonho é ser YouTuber!

beijo e um abraço podem acabar se machucando. Sempre me pedem encontrinho, mas por esse motivo preciso de estrutura e organização para que seja um momento lindo e mágico!

Quanto ao dinheiro que eu ganho com o canal, que sempre me perguntam, não vivemos dele, porque é todo guardado em uma poupança para mim.

Um tempo atrás, o sonho das meninas era ser paquita, modelo ou atriz, hoje o sonho é ser YouTuber! Fico muito feliz em ser a principal representante da categoria infantil e me sinto com a responsabilidade de dar meu melhor para ser um bom exemplo para as meninas que estão começando.

– Bel

Rotina de gravação dos vídeos

Na verdade não existe uma rotina de gravação nem roteiros. Às vezes o vídeo é um momento que já está acontecendo, um passeio na praia, um momento engraçado, uma viagem, uma pegadinha com a Bel – que participa de tudo, desde a escolha dos temas, dando toques superbacanas na edição, e é ela que sempre escolhe as fotos que são capas dos vídeos. Os temas dos teatrinhos e das novelinhas são escolhidos de acordo com o que está acontecendo mesmo no dia a dia das

pessoas como Bullying, falta de dinheiro, inveja, amor e tantos outros. Os personagens são fictícios, não são inspirados em ninguém. Depois que o tema é escolhido, sentamos quase sempre no mesmo sofá para fazer a gravação. Para nós mais importante que o cenário e o conteúdo é a forma de abordar um tema importante de maneira divertida, e sempre passando uma mensagem do bem, tendo como objetivo acrescentar coisas boas, nunca diminuir.

E as ideias surgem de forma muito natural... Não temos editor, nem roteiristas, nada disso. Temos apenas uma câmera, iluminação e muita criatividade, fazemos o que gostamos sem pretensões, e tudo é consequência de um trabalho que para Bel é uma grande brincadeira feita com muito amor...

> E as ideias surgem de forma muito natural... Não temos editor, nem roteiristas, nada disso.

Nós nos preocupamos muito em entender o público, ler comentários e analisar com muita sensibilidade o que agrada e o que desagrada sempre. Em tudo o que fazemos colocamos nosso toque de originalidade, e isso sempre fez toda a diferença.

– Fran

Dicas de como ter um canal de sucesso

Recebemos muitos e-mails com perguntas sobre como criar um canal de sucesso. Bom, antes de tudo, se você for criança, primeiro você precisa conversar com seus pais para abrir uma conta e pedir o apoio deles para monitorar o conteúdo que você vai postar.

É importante também você escolher um assunto do qual você ama falar e não ficar pensando muito se vai gerar visualizações, porque elas certamente são consequência de um vídeo legal. Não tente ser o que você não é, ou seja, não fique querendo ser engraçado se você faz o tipo sério, seja você mesmo!

Use a sua criatividade, não é porque algo foi viral em um canal que vai ser no seu. Não procure o caminho mais fácil, tente inovar. No final de 2015, Bel e eu queríamos algo novo para o canal, algo que nos deixasse mais próximas ainda do nosso público. Então, surgiu a ideia do 366 dias com a Bel, Fran e Nina. O que é isso? Postamos desde o dia 1º de janeiro um videozinho curto sem edição de um momento nosso, algo que está acontecendo. Pode ser o que for, meio que em tempo real, e o combinado é aparecer do jeito que estivermos – descabeladas, de pijama – e enviar sem corte. Então postamos os vídeos diários às 10 horas e esse vídeo extra que pode entrar

em qualquer horário. E deu supercerto, nossos seguidores amaram, e nós também...

Pense sempre nos seus seguidores, peça ajuda a eles perguntando o que gostariam de assistir e tenha sensibilidade para perceber isso por si só. Fale sobre assuntos da vida real para que as pessoas se identifiquem. Não se preocupe tanto com edição incrível ou cenários perfeitos e dê mais importância a conteúdos criativos, a fazer vídeos com uma luz boa que pode ser simplesmente a luz do dia, um áudio bom e que não

> Dê a seu público o valor que ele merece porque sem o público nenhum artista é nada.

fiquem tremidos, para que a pessoa não abandone seu canal e vá procurar algo melhor em outro.

E tenha bom senso, porque não adianta você querer ficar exibindo coisas materiais, por exemplo, enquanto o seu país está em crise, pois com isso você vai parecer insensível e metido, causando rejeição. Responda aos comentários, seja humilde, não fique se achando a última jujuba vermelha do pacotinho e dê a seu público o valor que ele merece porque sem o público nenhum artista é nada. **– Fran e Bel**

A Bel é boa aluna?

Eu gravo vídeos, brinco, viajo e sou uma ótima aluna. Acho que se você souber dividir seu tempo e tiver disciplina dá para fazer tudo. Estudar pode ser bem divertido, porque aprendemos coisas novas, na escola fazemos amizades que às vezes são para toda a vida (a mamãe tem amigas de escola até hoje)!

Minha matéria preferida é Matemática, mas sempre tem aquela que a gente tem um pouco mais de dificuldade e uma dica é estudar mais nessas para tirar boas notas e aprender de verdade. Com força de vontade e deixando a preguiça de lado, tudo fica mais fácil. Eu sempre tento entender as matérias em vez de decorar, porque quando você aprende não esquece nunca mais. Eu não sou de estudar muito, sou daquelas alunas que estuda na véspera da prova, mas como presto atenção nas aulas dá tudo certo. Estudar é muito importante e devemos levar a sério e agradecer a Deus a oportunidade de frequentar uma escola, pois infelizmente muita gente não tem acesso ao que é um direito de toda criança.

E você? O que mais gosta de estudar?

— Bel

Crush na área!

De vez em quando a nossa vida muda. Começamos a notar uma pessoa com outros olhos e quando você menos espera... Está gostando de alguém. E você? Já passou por isso? Tem algum menino na sua sala que você acha bonito? Esse tipo de coisa a gente não conta para ninguém, não é mesmo? No máximo para nossa BFF (*Best Friend Forever*, que significa melhor amiga para sempre).

O importante é saber que existe tempo para tudo: quando somos crianças vivemos esses amores de longe, na adolescência já não queremos ficar tão longe assim, e na vida adulta o amor pode virar uma vida em comum. Mas é importante respeitar os tempos de cada coisa. Viva todas as fases da sua vida!

Por isso, gostar de alguém é uma delícia, não importa a idade, e é bom escrever justamente para registrar essas fases. Escreva aqui para aquele *crush* que você fica *stalkeando* sem coragem de mandar uma mensagem.

– Fran

Príncipe encantado existe?

Desde pequenas escutamos histórias sobre príncipes encantados que possuem imensos castelos, são bonitos, corajosos, gentis... É importante saber que príncipe encantado desse jeito só existe em histórias de contos de fadas, que aliás, já começaram a mudar, como podem ver nos filmes mais recentes como *Enrolados*, *A princesa e o sapo*, *Frozen*...

O seu príncipe encantado pode estar do seu lado. Pode estar no banco do ônibus, pode estar na sua sala de aula, no grupo de amigos. Porque o príncipe de verdade não tem cavalo branco, e não precisa morar em castelo. O príncipe na verdade é encantado para você que o vê com os olhos do coração e isso o torna tão especial.

– Fran

Segredinho de beleza

Um sorriso no rosto!

Existem tantos truques para ficar mais bonita, as pessoas sempre querem usar roupas novas, fazer um penteado, fazer as unhas, usar um monte de maquiagem, ficar mais magras, mas, às vezes, se esquecem do mais importante, que é ter um

sorriso no rosto. De que adianta ficar toda arrumada de mau humor? De que adianta colocar uma roupa cara e ficar emburrada? Eu sou vaidosa, me arrumo para eventos, festas, mas em casa gosto de ficar bem à vontade e amo andar descalça, não ligo para roupas da moda uso o que faz eu me sentir bem e confortável. Acho que você tem de ter seu estilo e usar o que você quer e não se enfiar num look que não tem nada a ver, só para mostrar aos outros que está na moda.

O importante é a gente se gostar do jeito que a gente é seja magrinha, gordinha, cabelos curtos ou longos, com óculos, aparelhos, roupas da moda ou aquele vestidinho já velho, mas que você ama e usa sempre (por exemplo, quando gosto de uma roupa eu a transformo em uniforme)! O que faz a diferença é seu sorriso, sua alegria! Então, antes de sair de casa veja se não está esquecendo do que te faz mais bonita, que é seu sorriso.

– Bel

Melhores amigos

No meio de todos os nossos amigos, sempre tem aqueles com quem nós nos identificamos mais, aqueles que estão sempre por perto, que brincam conosco, assistem filmes, dormem na nossa casa. Aqueles que gostam das mesmas coisas que a gente e para quem podemos confiar todos os nossos segredos. São como irmãos que nosso coração escolheu. Mas vale lembrar que amigo de verdade nem sempre fala tudo o que você quer e gosta de ouvir, amigo de verdade também dá puxões de orelha quando é preciso! O que você acha então de dedicar o espaço a seguir para eles? Conte quem são os seus melhores amigos, fale sobre o que vocês gostam de fazer e sobre alguma coisa muito engraçada que aconteceu com vocês, assim você pode ler de vez em quando para lembrar e dar boas risadas.

Quem são seus melhores amigos? Por que eles são tão especiais?

– Fran e Bel

Falsiane

Fiz um laboratório com pré-adolescentes e adolescentes e descobri que a grande maioria usa um vocabulário próprio. Bel já fala algumas gírias que aprende com as "miga loca" na escola mas eu não conhecia, porque apesar de já ter passado da fase, nunca fui de usar muita gíria. Eu e Bel fizemos um teatrinho da Falsa amiga que...

"Miga, sua loca, tipo na real sabe aquela falsiane que tá *stalkeando meu *crush? *Aff, na real, todo mundo tem uma *BBF e uma *falsiane na vida."

"Tipo, fala sério, eu não tô na moda real com esse texto!"

E tem também uma nova gíria criada por mim *BPM? Quem adivinha o que é?

Meninas, socorro, vocês falam outra língua, né?

Agora falando na língua da Fran: quando se trata de Falsiane, eu sempre aconselho a Bel a tomar cuidado com as amizades e prestar atenção desde cedo em quem é amiga, em quem vale a pena confiar, e ficar sempre atenta. Se você tiver dúvidas sobre as atitudes de uma pessoa, o melhor é sempre conversar com seus pais ou pessoa de sua confiança porque muitas "amizades" te influenciam para caminhos não tão legais. #ficaadica
– Fran

Crush - Expressão usada por adolescentes significa paixão.

Falsiane - Menina falsa.

Stalkeando – Fuçando sobre a vida da pessoa nas redes sociais, acompanhando tudo sem ser notada (às vezes, sem sucesso).

BFF - *Best Friend Forever* - Melhor amiga para sempre.

Aff - Termo usado para mostrar que não está satisfeito com alguma coisa.

Miga, sua loca - Forma divertida de chamar uma amiga.

BPM - *Bel para meninas.*

Escreva aqui as gírias que você e seus amigos mais falam.

Segredo 4

A Bel continua sendo a mesma menina sapeca, sorridente e com a inocência de uma garotinha de 8 anos, ela nem tem muita noção de tantos números de audiência, de seguidores, isso tudo para ela ainda é meio abstrato! Para ela é uma grande diversão!

A Bel é muito cristalina! Ela é exatamente como vocês assistem no vídeo. Sabe que é muito querida, que tem fãs, mas na cabecinha dela essas fãs são um monte de amiguinhas espalhadas pelo mundo. Quando viajamos, ela já fala: "Quando eu chegar no hotel, vou correndo brincar com as meninas".

Aí encontra seguidoras quando chega, tira foto, dá autógrafo e sempre fala: "Agora vamos brincar?"

Não sei se vocês estão entendendo o que eu quero passar. Ela não é estrelinha, não se acha nem sabe o que é ser metidinha! Mesmo assim eu e Maurício conversamos muito com ela, sobre como ninguém é melhor do que ninguém e que a única diferença entre ela e as outras crianças é que ela é conhecida porque faz os vídeos. Queremos que ela seja sempre uma menina humilde e com os pés no chão, como é agora.

– Fran

Sobre pai e mãe

Às vezes parece que nossos pais não nos entendem. Brigam com a gente sem motivo, não nos deixam fazer alguma coisa que queremos muito, ou dormir tarde ou ainda ficar muito tempo assistindo a *Bel para meninas*. Quando nossos pais nos dizem "não" estão fazendo um ato de amor para nos proteger, pois queremos fazer alguma coisa que eles sabem que não será boa para nós.

Além disso, nós temos de nos lembrar de que eles não são perfeitos, não são super-heróis de verdade, afinal todo mundo tem defeitos e fraquezas. Pode ser que eles só estejam passando por um dia ruim. Nossos pais são como nós, e também já foram crianças um dia. Pergunte para eles como eram as coisas quando eles tinham a sua idade. Eu sempre conto minhas histórias de quando era criança para a Bel, ela ri muito.

– Fran

Escreva aqui tudo o que você gostaria de falar para os seus pais, mas nunca teve coragem. Quem sabe, escrevendo, as coisas não se esclareçam para você.

Nossos pais nos amam muito mais do que imaginamos

"Minha família é tudo para mim. Tenho os melhores pais que alguém poderia ter e agradeço a Papai do céu por isso. Obrigada por fazerem a minha vida tão feliz, obrigada pela Nina, obrigada por fazerem o possível, e até um pouquinho do impossível, para realizar meus sonhos, obrigada por serem meus pais. Quando eu crescer quero ser igual a vocês"
– Bel

"Do mesmo jeito que os seguidores costumam dizer que o canal transformou a vida deles, fazendo-os mais felizes, eu posso dizer que sempre fui uma pessoa tímida, que não gostava nem de tirar fotos e depois dos seus vídeos superei isso e até arrisco gravar com você! Obrigada por você existir e ser essa menina especial, que só quer fazer as pessoas mais felizes com seu jeitinho sapeca de ser! Amo você que, desde que te olhei pela primeira vez, encheu minha vida de luz e cor."
– Maurício, mais conhecido como Produção

Depoimento da Fran para Bel

"Bel você e a Nina são meu maior sonho realizado. Minhas melhores amigas, companheiras, meus amores para a vida toda e nada no mundo vai mudar isso. E você, Bel, é a estrela que ilumina minha vida com toda a sua luz, você brilha mais que o sol! Desculpe, mas sou mãe babona mesmo e assumidíssima!"

Faça você também uma declaração de amor para seus pais ou quem você ama...

Mãe também já foi criança

Fui uma menina sem condições de ter bonecas, brinquedos e viagens. Tive apenas uma boneca que ganhei do meu irmão quando tinha 4 anos e guardo-a até hoje, o nome dela é Eva. Tinha poucas roupas e nenhum luxo. Meus pais não eram de demonstrar carinho, embora eu tenha certeza de que me amavam, mas cada um tem seu jeito de amar e devemos respeitar as pessoas como são.

Eu nunca deixei de me divertir pulando elástico, corda, brincando de escorregar no papelão morro abaixo, brincando de amarelinha, indo à praia e ficando vermelha igual um camarão, porque para brincar e para ser feliz a gente não precisa de dinheiro, basta usar a imaginação e ter amigos para fazer muita bagunça, e bagunça é uma coisa que eu sempre soube fazer muito bem, e faço até hoje, como vocês sabem!

Ensino exatamente isso nos vídeos, que é possível se divertir muito com o que se tem em casa!

Quando era pequena eu nem sabia o que era Disney, de tão distante que era pra mim! Conheci o mundo mágico já adulta, quando Bel tinha 5 anos, e foi minha primeira viagem de avião! Como o mundo dá voltas e mais voltas, no ano retrasado fui convidada pela Disney para fazer um vídeo exclusivo no Magic Kingdom, fechado só para mim e para a Bel!

Sempre fui muito fã da Xuxa e aprendi com ela a acreditar

nos sonhos e nas palavras "querer", "poder" e "conseguir". Meu maior sonho sempre foi crescer, conhecer uma pessoa muito especial que fosse um príncipe para mim e com essa pessoa ter a minha família e ser feliz para sempre… Deus ouviu meu pedido e me deu uma linda e enorme família formada por mim, Maurício, Bel, Nina e todos vocês que considero como parte da minha vida… Nunca desistam de seus sonhos, pois os sonhos não envelhecem e você pode realizá-los, é só querer e acreditar! "

– Fran

Nina

    A Nina é meu melhor presente, um sonho que se realizou, porque eu sempre quis ter uma irmãzinha para ser minha melhor amiga.

    Eu me divirto muito com ela, somos companheiras uma da outra. Ao mesmo tempo, ter um irmão mais novo é uma grande responsabilidade, porque precisamos dar exemplo. Para quem está se perguntando se eu tenho ciúmes dela, eu respondo que não tenho. Sei que meus pais nos amam do mesmo jeito e se eles às vezes precisam dedicar mais tempo para a Nina é porque ela ainda é bebê, é frágil e precisa de muitos cuidados. Em vez de ficar enciumada, eu tento ajudar no que posso ou ao menos tento não atrapalhar. Papai e mamãe se desdobram tanto que minha vida mudou para melhor com a chegada da Nina, continuo fazendo as mesmas coisas de antes e ainda tenho essa fofurinha para brincar e acompanhar de perto seu desenvolvimento. A primeira palavra que a Nina falou foi Bebel. (Tomara que a mamãe pule esta parte do livro porque ela jura que foi mamãe!)

– Bel

Você tem irmãos? Escreva aqui tudo o que vocês gostam de fazer juntos! Se não tiver nenhum, escreva sobre como seria ter um.

Carta para o futuro

Às vezes a gente se perde pensando em como tudo vai ser quando a gente crescer, fazendo muitos planos e sonhando acordadas com o nosso futuro.

Quando eu crescer quero estar com saúde e feliz. Quero continuar fazendo as pessoas felizes com meus vídeos. Quero continuar viajando. Eu quero crescer mas continuar com coração de criança.

Vou ter um programa com meu nome que é meu sonho. A nina vai ter um quadro de receitas porque ela é muito gaminha. Quero também fazer filmes no cinema.

Quando eu crescer sonho em viver num mundo sem violência onde todos são felizes por que o que importa é ser feliz!

Beijinho pace com carinho
de Senhos
Bel

Escreva você também a sua cartinha para ler daqui alguns anos e saber se realmente vai acontecer o que sonha neste momento da sua vida:

Meu programa!

Ainda é apenas um sonho e só existe na minha vontade e na minha imaginação! Quem me acompanha sabe que esse é meu maior desejo: apresentar um programa com meu nome e levar meu 1 milhão de seguidores para me assistir na TV! Mas eu prometo que não vou deixar de fazer meus vídeos no YouTube porque a gente não precisa trocar um amor por outro nem um sonho por outro. Seria mais um lugar para vocês ficarem pertinho de mim. Já imaginou que legal assistir meus vídeos às 10 horas e depois ficar pertinho de mim no meu programa na TV? Agradeço ao Papai do céu por tudo o que já conquistei, nem gosto de ficar pedindo, pedindo e pedindo, mas se esse for o sonho Dele para mim, num próximo livro vou ter muito o que contar para vocês sobre o programa da Bel!

Peço a todos que torçam porque quando a gente torce junto acontece mais rápido, e sei que vocês ficam felizes com a minha felicidade e isso é amor de verdade!

– Bel

O grande segredo da Bel

… É ser eu mesma.

São muitas as perguntas, estudos de caso e tanta curiosidade em torno de uma questão: Como essa criança de apenas 8 anos se tornou um dos canais mais assistidos do YouTube Brasil, com mais de 100 milhões de visualizações mensais? O que ela faz? O que tem de especial? Por que tem tantos seguidores fiéis que, com apenas um chamado de última hora, é capaz de lotar um shopping no Rio de Janeiro? Qual a receita do sucesso? Qual o segredo? Quem é a Bel? Eu sou eu mesma, esse é meu grande segredo é a uma resposta simples para tanta pergunta difícil.

Até o próximo, Bel.

Um beijinho doce com gostinho de amor!

Este livro foi impresso pela Arvato Bertelsmann
em papel offset 90 g.

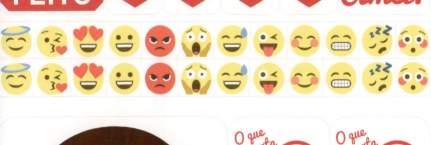